J'aime les longs voyages.

# C'est amusant
# de voyager en voiture...

| | | |
|---|---|---|
| auto-stop | dépannage | pompe |
| automobile | dépanneuse | pompiste |
| autoroute | essence | pylône |
| bouquet | garage | remorque |
| capot | panne | rétroviseur |
| carrefour | pare-brise | station-service |
| contravention | péage | virage |

Retrouve les mots dans l'image
mais attention
il y en a un qui n'est pas dessiné.

*(bouquet)*

445

# je voyage

illustrations de
Michel Charrier

**avec 200 mots**

**Bordas**

Maquette couverture et intérieur : Jehanne-Marie Husson

© Bordas, Paris, 1987 pour le texte et les illustrations
ISBN 2-04-016821-4
Dépôt légal : mai 1987

Achevé d'imprimer en avril 1987 par :
Imprimerie H. PROOST, Turnhout, Belgique

# ...mais il y a trop de monde.

| | | |
|---|---|---|
| agent | embouteillage | portière |
| camion | feux de croisement | pot d'échappement |
| car | moto | rond-point |
| casque | pare-choc | route |
| chien | parking | stationnement |
| clignotant | passage protégé | voiture |
| coffre | piéton | volant |

Retrouve les mots dans l'image
mais attention
il y en a un qui n'est pas dessiné.

(chien)

# J'aime prendre le train…

| | | |
|---|---|---|
| antenne | haut-parleur | rail |
| buffet | magazine | réservation |
| butoir | marchepied | roue |
| charriot | mécanicien | sifflet |
| chemin de fer | pickpocket | tapis roulant |
| escalier mécanique | portefeuille | voyageur |
| gare | porteur | wagon |

Retrouve les mots dans l'image
mais attention
il y en a un qui n'est pas dessiné.

*(antenne)*

# …voyager en écoutant de la musique…

accoudoir

banquette

cartable

cheveux

colline

compartiment

conducteur

cravate

éclair

menu

paysage

porte-bagages

signal d'alarme

signalisation

station

train de marchandises

tunnel

vache

veau

viaduc

wagon-citerne

Retrouve les mots dans l'image
mais attention
il y en a un qui n'est pas dessiné.

(cartable)

# et surtout dormir dans un train !

| | | |
|---|---|---|
| aiguillage | glace | traversin |
| barbe | lavabo | trousse |
| brosse à dents | matelas | valise |
| carte | oreiller | veilleuse |
| dentifrice | passage à niveau | veste |
| drap | peluche | wagon-lit |
| garde-barrière | pyjama | waters |

Retrouve les mots dans l'image
mais attention
il y en a un qui n'est pas dessiné.

(barbe)

# Mais l'année prochaine
## je pars en croisière…

aéroglisseur

baleine

cabine

canot de sauvetage

capitaine

cheminée

cordages

couchette

dauphins

douche

gilet de sauvetage

gouvernail

maison

mouchoir

périscope

pont

rampe

remorqueur

salopette

sillage

sous-marin

## Retrouve les mots dans l'image
## mais attention
## il y en a un qui n'est pas dessiné.

(maison)

avec ma cousine Anne
qui est infirmière sur un bateau.

| | | |
|---|---|---|
| balise | infirmerie | palmier |
| blouse | infirmier | plâtre |
| falaise | infirmière | pompon |
| grue | marin | port |
| hélice | mer | radar |
| hélicoptère | navire | sémaphore |
| hibou | office de tourisme | vedette |

Retrouve les mots dans l'image
mais attention
il y en a un qui n'est pas dessiné.

*(hibou)*

# Mais ce que j'aime par-dessus tout, c'est voyager en avion…

| | | |
|---|---|---|
| aéroport | douane | parfum |
| ascenseur | douanier | passeport |
| avion | file d'attente | policier |
| bagage | flacon | radio |
| boutique | magnétoscope | vase (un) |
| combinaison | marteau | vendeur |
| décollage | navette | vitrine |

Retrouve les mots dans l'image
mais attention
il y en a un qui n'est pas dessiné.

*(marteau)*

# et manger dans un avion...

| | | |
|---|---|---|
| aile | feux de position | plateau-repas |
| bavoir | hôtesse | réacteur |
| bébé | hublot | sièges |
| biberon | kilt | steward |
| carlingue | kimono | tablette |
| ceinture | nombril | tétine |
| coussin | os | ventre |

Retrouve les mots dans l'image
mais attention
il y en a un qui n'est pas dessiné.

# ...et surtout
# regarder un film dans un avion !

atterrissage

brassière

carabine

commandant

couche

couffin

désert

diligence

écouteurs

écran

flèche

insigne

parapluie

passager

pilote

piste

poste de pilotage

toilettes

tour de contrôle

train d'atterrissage

western

Retrouve les mots dans l'image
mais attention
il y en a un qui n'est pas dessiné.

(parapluie)

# mes 200 mots

| | | |
|---|---|---|
| 1 accoudoir | 18 bébé | 35 carte |
| 2 aéroglisseur | 19 biberon | 36 casque |
| 3 aéroport | 20 blouse | 37 ceinture |
| 4 agent | 21 boutique | 38 charriot |
| 5 aiguillage | 22 brassière | 39 chemin de fer |
| 6 aile | 23 brosse à dents | 40 cheminée |
| 7 ascenseur | 24 buffet | 41 cheveux |
| 8 atterrissage | 25 butoir | 42 clignotant |
| 9 auto-stop | 26 cabine | 43 coffre |
| 10 automobile | 27 camion | 44 colline |
| 11 autoroute | 28 canot de sauvetage | 45 combinaison |
| 12 avion | 29 capitaine | 46 commandant |
| 13 bagage | 30 capot | 47 compartiment |
| 14 baleine | 31 car | 48 conducteur |
| 15 balise | 32 carabine | 49 contravention |
| 16 banquette | 33 carlingue | 50 cordages |
| 17 bavoir | 34 carrefour | 51 couche |

PRINTED IN BELGIUM BY
proost
INTERNATIONAL BOOK PRODUCTION